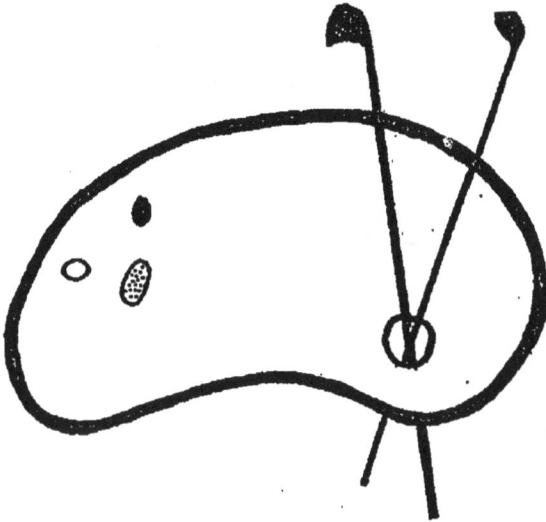

DEBUT D'UNE SERIE DE DOCUMENTS
EN COULEUR

SCIENCE ET RELIGION
Études pour le temps présent
39

L'HYPNOTISME

ET LA SCIENCE CATHOLIQUE

PAR

A. JEANNIARD DU DOT

PHO DEO ET PATRIA

PARIS

LIBRAIRIE BLOUD ET BARRAL

4, RUE MADAME, ET RUE DE RENNES, 59

1898

SCIENCE ET RELIGION
Études pour le temps présent

Collection de vol. in-12 de 64 pages *compactes*.

Prix : O fr. 60 le vol.

Les lecteurs curieux de grandes vérités de la foi déploraient l'absence de vulgarisation de science religieuse. LES ÉTUDES POUR LE TEMPS PRÉSENT répondent donc à un désir et comblent une lacune. Ainsi en ont jugé unanimement les Revues et les journaux les plus importants de la presse catholique. De ces nombreux et si flatteurs témoignages nous ne citerons que le suivant, extrait du journal *l'Univers*, dû à la plume d'un juge des plus compétents, M. Louis Robert :

« Aujourd'hui, en notre siècle de vapeur, d'électricité, on veut savoir « tout et lire peu, toute la vie est pleine et fiévreuse ! C'est ce qui explique « la vogue de la Revue et du Journal. Cependant ces deux organes de la « pensée moderne sont insuffisants pour embrasser une question dans la « complexité de ses aspects. Le livre est toujours nécessaire ; mais nous « pensons, à part les moines et le clergé des campagnes, que le respectable « in-4° et le majestueux in-folio ont fait leur temps pour le grand public. « Il fallait donc condenser en un volume de poche les questions qui tour- « mentent l'âme contemporaine. C'est ce que certains éditeurs ont très « heureusement compris, notamment MM. Bloud et Barral, dont les édi- « tions ont déjà tant rendu de services signalés à la cause religieuse.

« Sous le titre de *Science et Religion*, collection de volumes in-12 de « 64 p. compactes, ils ont entrepris, avec un plein succès, de démontrer « par des plumes des plus autorisées « *l'accord entre les résultats de la* « *science moderne et les affirmations de la foi.* » Chaque sujet est trai- « té, non plus d'après la méthode apologétique, qui actuellement est sus- « pecte aux incrédules, même aux indifférents. C'est avec la plus rigoureuse « méthode scientifique — mais mise à la portée de tous les esprits quelque « peu cultivés — que sont exposées les *Nouvelles Études philosophiques,* « *scientifiques et religieuses* de cette opportune et très intéressante col- « lection.

« Le nom de l'auteur de chacune d'elles est une recommandation. »

(Journal *l'Univers*.)

Voici une seconde liste des ouvrages parus ou à paraître incessamment :

— **L'Apologétique historique au XIX° siècle. — La Critique irré-ligieuse de Renan.** (*Les précurseurs — La vie de Jésus — Les adver-saires — Les résultats*) par l'abbé Ch. Denis, directeur des *Annales de philosophie chrétienne.* 1 vol.

— **Nature et Histoire de la liberté de conscience,** par M. l'abbé Canet, docteur en philosophie et ès-lettres de l'Université de Louvain, ancien professeur de théologie dogmatique au grand séminaire de Lyon. 1 vol.

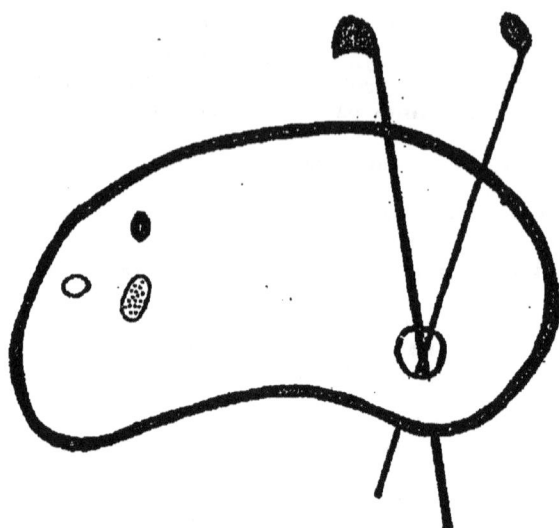

FIN D'UNE SERIE DE DOCUMENTS
EN COULEUR

SCIENCE ET RELIGION

Études pour le temps présent

L'HYPNOTISME

ET LA SCIENCE CATHOLIQUE

PAR

A. JEANNIARD DU DOT

L'HYPNOTISME ET LA SCIENCE CATHOLIQUE.

Le résumé très impartial des opinions professées
à l'égard de l'hypnotisme par les représentants les
plus autorisés de la science catholique pourra donner
aux moins initiés les moyens de se faire quelque
idée de cette question si difficile. Ce serait, assuré-
ment, beaucoup d'arriver à la résoudre. Mais c'est déjà
quelque chose de pouvoir constater quelle liberté l'E-
glise laisse à ses enfants dans le champ de la science
et avec quelle sage hardiesse ils savent en user.
Ne tirât-on d'autre conclusion de ce petit volume,
nous ne regretterions pas la sérieuse et appliquante
étude qu'il nous a coûtée. Parmi les théologiens, les
uns attribuent tous les faits hypnotiques à la nature, d'autres au præternaturel, et un plus grand
nombre les partagent entre l'agent naturel et l'agent
præternaturel.

CHAPITRE I.

TOUT A LA NATURE.

M. Schneider.

M. l'abbé Schneider, mort en 1893, âgé seulement de trente-six ans, directeur de l'Ecole Saint-Sigisbert, à Nancy, a laissé un remarquable travail intitulé : *L'Hypnotisme.*

L'hypnotisme, dit-il, appartient uniquement à l'ordre naturel (1) ; on peut hypnotiser les animaux mêmes. Les hommes, à tout âge et en tout état de santé, sont sujets à l'hypnose ; les exceptions vont tout au plus à un quinzième. Mais en règle générale, on ne peut être hypnotisé sans son consentement.

De tous les nombreux procédés employés pour produire l'hypnose, le meilleur est la suggestion persuasive adoptée par Bernheim. La suggestion est

---

(1) C'est aussi la thèse de M. Guibert, le savant supérieur du Séminaire de l'Institut catholique de Paris. — Voir notre opuscule : *Où en est l'Hypnotisme.*

pour ce docteur l'essence et comme la définition de l'hypnose qui, en dépit de son étymologie, n'est pas toujours un sommeil. Pour endormir, il n'a qu'à dire : « dormez, » et pour réveiller : « Réveillez-vous. »

Charcot a vainement tenté de prouver la régularité des phases de l'hypnose. Bernheim produit, d'emblée le somnambulisme, où le sujet est maniable à la suggestion. L'école de Charcot ou de la Salpêtrière attribue à l'aimant un pouvoir sur le sujet, dont Bernheim a constaté l'illusion, ce prétendu pouvoir n'étant qu'un effet de suggestion. Le sommeil hypnotique, morbide d'après Charcot, ne l'est pas, d'après Bernheim.

M. Schneider pense, pourtant, que si la suggestion est le meilleur instrument de l'hypnose, elle est loin d'être le seul. Les passes, la fixation d'un objet brillant, etc. peuvent contribuer à la produire.

Tous les phénomènes attribués au magnétisme, puis à l'hypnotisme (une même chose sous deux noms différents,) M. Schneider a voulu les étudier par lui-même. Il a constaté l'insensibilité imposée au sujet, les suggestions immédiates à exécuter dans le sommeil, ou à terme fixe après le sommeil, les suggestions antéhypnotiques ou souvenir mensonger de choses inventées par le suggestionniste à l'actif du sujet. Il exprime quelques doutes sur la stigmatisation par suggestion et les expériences des docteurs Burot et Bourru, de Rochefort, à ce sujet, bien que l'hystérie, il en convient, suffise à produire des effets d'autographisme, c'est-à-dire qu'un léger attouchement laisse des traces sur la peau durant des jours consécutifs.

Quelle que soit, d'ailleurs, la force des suggestions, il arrive parfois que le sujet y résiste, même victorieusement. On en trouve des exemples dans Giles de la Tourette, Gibert, Pitres, Beaunis, Richer, Ferré, Delbœuf. Liébeault ayant suggéré l'amour de l'étude à un enfant paresseux, celui-ci ne se laissa plus endormir. M. Schneider pense que ces docteurs n'avaient pas su s'y prendre et auraient pu, par des suggestions détournées et successives, arriver à la persuasion.

Il est absolument incrédule aux faits qui sortiraient de l'ordre naturel. Tout ce qu'il a pu connaître des consultations somnambuliques ne lui montre que fraude : « Défiez-vous, dit-il, des somnambules de foire, même quand ils sont endormis, ce qui arrive quelquefois. »

Il ne croit pas à la médication à distance. Il l'a vue réussir par pure suggestion. Agir, c'est être agissant. Agir où l'on n'est pas, remède ou homme, est impossible.

La suggestion mentale n'a pas sa confiance : les expériences d'Ochorowicz, Richer, Janet, etc., lui semblent des échecs complets. Les théories apportées pour l'expliquer : vibration de deux cerveaux à l'unisson, force neurique rayonnante, extériorisation de la sensibilité, lui semblent des chimères.

La vision à distance et la télépathie doivent être écartées : d'ailleurs les plus vraisemblables des récits relatifs à ces pouvoirs vrais ou prétendus sont en dehors de l'hypnotisme.

Il ne se prononce pas sur la lecture *transopaque*, c'est-à-dire à livre fermé, ni sur la vision transopaque en général ; cependant il cite avec intention le somnambule qui, selon M. Bonjean, lisait sur les lèvres de son barnum.

Les prédictions par l'hypnotisme lui semblent impossibles, bien que, sans être prophètes, des personnes éveillées soient arrivées, plus d'une fois, à prédire des événements futurs. L'intuition des pensées et la transposition des sens sont de pures absurdités : « Rien n'entre dans l'âme qu'au moyen des sens, comme dit le P. Pailloux, rien n'en sort qu'au moyen des signes. »

Il est vrai qu'il ne croit pas davantage aux prodiges spirites et pense que tous les témoins nombreux des phénomènes de lévitation étaient hallucinés. Il l'affirme de M. de Rochas, il l'insinue de M. Gibier et de ses co-témoins. Il croit aussi Crookes et Zœllner hallucinés. « On est en droit, selon lui, d'exiger d'autant plus de preuves que les faits sont plus rares et invraisemblables. » — « Vous concluez, dit-il, comme l'abbé Fiard, que le diable est là-dedans. Eh bien, non, ce n'est qu'un tour de passe-passe. — Vous

prétendez donc expliquer tous les phénomènes hypnotiques naturellement? — Cela est possible pour
tous les phénomènes avérés. »

Il examine alors les états analogues à l'hypnotisme;
la veille suggestible ou la suggestion vigile, le sommeil naturel, les rêves, dont il fait la physiologie
et la psychologie avec un intérêt captivant. De cette
remarquable étude où Platon, Aristote et saint Thomas sont mis à contribution, nous ne voulons citer
que ce rêve dont le caractère semble tout naturel à
M. Schneider :

Le chirurgien-major Laurent raconte que huit cents
hommes du régiment de La Tour-d'Auvergne virent
deux nuits consécutives le diable sous forme de
chien noir leur passer à chacun sur la poitrine. Il
ajoute que ces soldats couchaient par terre dans un
lieu malsain, entre les derniers murs d'une abbaye
délaissée et hantée, disait-on, par le démon.

En résumé similitude du sommeil et de l'hypnose ;
mêmes procédés pour endormir, mêmes conséquences, même nature, mêmes phénomènes produits par
les mêmes causes : « Le réveil à point nommé, l'ou-
bli, l'influence latente du rêve sur les actions de la
journée, tout se retrouve dans ces deux états : *L'hypnose est un sommeil névrosé.*

Mais son analogie avec le somnambulisme non provoqué est encore plus frappante. L'auteur expose tout

(1) Voir page 107 et suiv.

ce que peut faire un somnambule ; il rappelle ce
moine qui, en état de somnambulisme, s'en va vers
le lit de dom du Haguet, heureusement assis à
sa table de travail, et croit percer de part en part son
supérieur qu'il voit où il n'est pas et ne voit pas où
il est.

L'effacement de certains sens, l'hyperesthésie des
autres est mise en relief par des faits bien choisis,
ainsi que la dépression de l'intelligence et de la volonté, la surexcitation de l'imagination et de la mémoire, et il conclut :

« Le rêveur, le somnambule, l'hypnotisé sont de la
même famille. Entre le premier et le second, il y a
une différence de plus ou de moins ; entre le second
et le troisième, il n'y a que la différence de la nature et de l'art. »

L'hystérie aussi est suggestible comme l'hypnose.
C'est même là sa caractéristique. Pitres et Giles de
la Tourette abondent dans ce sens.

Autre analogie dans les différents modes de l'aliénation mentale : faibles d'esprits, sans idée per-
sonnelle ; déments sans volonté ; maniaques chez
qui l'idée fixe est sans contrôle ; mélancoliques
constamment hallucinés ; monomanes automati-
ques ; persécutés devenus persécuteurs, toujours
également convaincus. Le délire, l'hallucination, l'al-
tération de la personnalité sont communs à la folie
et à l'hypnose.

« Une vieille compatriote d'A. Maury s'imaginait

être morte, ce qui ne l'empêchait pas de déguster son chocolat tous les matins. Elle trouvait cependant parfois la chose un peu étrange, mais elle ajoutait simplement : « On a fait depuis peu tant de découvertes qu'il n'est pas étonnant qu'on ait trouvé le moyen de faire déjeuner les morts. »

L'aliéné est, comme l'hypnotisé, un monoïdéiste, chez qui la suggestion ou l'autosuggestion est victorieuse parce qu'elle n'est pas combattue.

L'exaltation et la dépression de l'ivresse par l'alcool, le haschisch, le chloroforme, etc. ressemblent aussi à l'exaltation et à la dépression hypnotiques.

Exemple de reviviscence de la mémoire tout à fait semblable au phénomène hypnotique du même genre :

Myers raconte qu'un nègre complétement ivre dérobe des instruments de chirurgie. Le lendemain, il soutient qu'il ne les a pas touchés et les cherche en vain sans pouvoir les retrouver. Deux jours après, on le rencontre ivre de nouveau et on lui parle encore de la perte des instruments. Il réfléchit cette fois, part de suite et, malgré l'obscurité, va droit les trouver dans une boîte où il les avait cachés pendant la première ivresse.

M. Schneider explique les faits hypnotiques : (1) hallucinations positives, négatives ou rétroactives, c'est-à-dire : suggestion de choses non présentes ou

(1) P. 242 et suiv.

de la non présence de choses présentes, ou persuasion de souvenirs imaginaires, illusion sur la liberté,
multiplication de la personnalité du sujet, toute
subjective d'ailleurs, par cette loi que «toute re-
présentation tend à s'objectiver et s'objective en effet
si elle n'est pas contredite. » La suite fera compren-
dre mieux cette proposition très concise.

L'hallucination positive, c'est-à-dire la présence
imaginaire de choses ou de personnes absentes, s'explique en ce que «toute image non contrariée devient sensation. En d'autres termes, à moins d'être
en opposition avec des souvenirs avérés ou des témoignages certains, toute image est accompagnée de
la croyance à la présence de son objet.»

Les procédés sont analogues pour l'hallucination
positive ou négative de la mémoire. Il s'agit d'écarter la persuasion de la présence de l'objet ou de faire
naître à côté de l'image qu'il crée le jugement qui
l'objective dans le passé et dans le souvenir. L'illusion de la liberté se produit de la même manière.

L'explication du fractionnement de la personnalité est plus compliquée. L'hypnotisé, à la vue de tous
ses changements personnels, ne s'y reconnaît plus
«et sait gré à qui lui donne moyen de s'y recon-
naître. Une explication plausible, l'hypothèse d'un
second *moi* se présente tout d'abord. Quoi d'étonnant que l'hypnotisé l'accepte puisqu'elle a semblé
bonne à tant de savants hypnotiseurs ? »

D'ailleurs on ne peut y voir la preuve de la véritable pluralité des *moi* chez une même personne *qu'en confondant l'idée du moi avec le moi lui-même.*

Quant à l'application de l'hypnotisme à la médecine (1) il guérit certaines maladies, celles que la suggestion peut atteindre et, à le bien prendre, les modernes n'ont fait qu'ajouter la méthode à un moyen curatif que les anciens n'ont point ignoré.

Même, d'après M. Schneider, la suggestion a dû jouer un grand rôle, et le rôle très principal, dans les maléfices comme dans les remèdes de la magie.

Il s'applique, d'ailleurs, à montrer l'impossibilité d'attribuer sérieusement à la suggestion les miracles de l'Evangile, les stigmates des Saints et les merveilles de Lourdes. Il démontre victorieusement que l'hypnotisme n'a rien à y voir.

Mais il pense que la suggestion a fait presque toute la sorcellerie du moyen âge. Il ne voit dans les sorciers que des malades ou des scélérats « déguisant leurs méfaits sous le voile d'une science mystérieuse (2). » Le sabbat était chose *purement imaginaire* (3). Le *charme de taciturnité* tant de fois constaté chez les sorciers au milieu des tortures pouvait parfaitement n'être qu'une auto-suggestion. »

« Par suggestion s'expliquent et les maladies imaginaires et les guérisons et les sorts et les philtres et

(1) P. 292 et suiv.
(2) P. 307.
(3) P. 309.

les apparitions d'esprits et jusqu'à ces témoignages avec serment et ces aveux si compromettants pour le sorcier lui-même (1). »

L'hypnotisme peut facilement reproduire toutes ces scènes de sorcellerie : le loup garou, l'aiguillette, etc. etc. le breuvage d'épreuve, etc. (2).

« La part ainsi faite de la méchanceté humaine et du charlatanisme, ajoute-t-il, des causes naturelles, de la suggestion par autrui ou par soi-même, que reste-t-il de la sorcellerie ? Y a-t-il un résidu inexpliqué ? (3) »

M. Schneider, sans même prononcer le mot de *pacte*, rappelle seulement que « les théologiens condamnent la magie où ils voient l'intervention d'un agent supérieur malfaisant (4). »

Enfin il conclut au caractère purement naturel de l'hypnotisme, à la réalité de ses guérisons dans certains cas spéciaux, mais en même temps à ses dangers pour la santé et pour la morale, soit par la maladresse ou la perversité de l'hypnotiseur, soit par les passions ou la faiblesse de l'hypnotisé.

Il ne croit point cette pratique immorale en elle-même et pense qu'en des cas désespérés elle pourrait être appliquée à l'éducation. Mais il condamne l'hyp-

(1) P. 311.
(2) P. 312.
(3) P. 313.
(4) Ibidem.

notisation pratiquée malgré le sujet, dans un but, non seulement de crime, mais encore d'amusement et de simple curiosité. Il condamne aussi certaines méthodes inconvenantes d'hypnotisation et les spectacles forains, souvent aussi immoraux que dangereux.

Le P. Coconnier.

I.

Le P. Marie-Thomas Coconnier (1), des Frères Prêcheurs, professeur de théologie dogmatique à l'université de Fribourg, fait abstraction de tous les faits transcendants de magnétisme, qu'il distingue de l'hypnotisme franc et scientifique pratiqué dans les cliniques des docteurs, et rapporte à l'occultisme et au spiritisme, sans se porter garant de la réalité de ces faits étranges et sans paraître même y ajouter foi.

Les différentes manières d'hypnotiser, depuis l'appareil éblouissant du docteur Luys (2) jusqu'à la simple suggestion du docteur Bernheim, les *zônes hypnogènes*, de Pitres, ces parties sensibles, diffé-

(1) *L'Hypnotisme franc.* LECOFFRE 2ᵐᵉ édition, 1898.
(2) P. 4.

rentes chez les divers sujets, et qu'il suffit de toucher
pour produire le sommeil (1), et les *zônes hypnofré-*
natrices du même, qu'il suffit de toucher pour éveiller le sujet, sont examinées tour à tour. Il met au premier rang la suggestion sans nier les autres moyens
et il croit que « tout homme sain d'esprit peut endormir certains sujets convenablement disposés en se
servant des procédés somatiques en usage (2). »

Mais tout le monde peut-il être hypnotisé ? Contre
les savants qui, avec Charcot, Paul Richer, Giles de
la Tourette, Babinski, Pitres, soutiennent que tout
hypnotisable est hystérique, et avec Liébault, Bernheim, etc. qui soutiennent que tout ou presque tout
homme est hypnotisable, l'auteur prouve par de
nombreuses statistiques l'aptitude du grand nombre
à subir l'hypnose.

A cette question : « Peut-on être hypnotisé malgré
soi ?» des faits nombreux répondent que les personnes
déjà hypnotisées, les personnes à sensibilité exagé-
rée ou même celles à sensibilité normale, si ces dernières se soumettent comme par défi aux manœu-
vres hypnotiques; enfin parfois des personnes
même saines et robustes qui ne s'y soumettraient pas,
peuvent être hypnotisées (3).

L'hallucination positive, l'hallucination négative,
les illusions des sens, le mouvement ou la paralysie

(1) P. 9.
(2) P. 41.
(3) P. 73 et suiv.

des membres, l'excitation des passions tristes ou joyeuses, les mensonges suggérés de la mémoire, l'asservissement de la volonté, tous ces phénomènes sont prouvés par des faits nombreux (1).

Pour la suggestion à terme, il cite des expériences curieuses de Liébault, Liégeois, Durand (de Gros,) Ch. Richer, de Rochas (2). La vésication par suggestion s'appuie sur des effets obtenus par Focachon en présence de Liébault, Bernheim, Beaunis, Liégeois : « On pourrait dire, ajoute M. Beaunis, qu'il s'agit là d'un fait exceptionnel, qu'on a affaire dans ce cas à une aptitude individuelle particulière. Il est bien évident que ces expériences ne réussissent pas chez tous les somnambules. Mais le fait d'Elisa n'est pas unique (3). »

Le P. Coconnier entreprend ensuite ce qu'il appelle le procès de l'hypnotisme, dont il écarte les faits merveilleux : transmission des idées et connaissance à distance, télépathie, vision transopaque, intuition des pensées d'autrui, transposition des sens, connaissance et prédiction de l'avenir, envoûtement, par la double raison que ces faits ne lui semblent pas prouvés scientifiquement et qu'ils ne font pas partie de l'hypnose.

Il résume ensuite les arguments de l'attaque que

(1) P. 97 — 120.
(2) P. 121 — 128.
(3) P. 129 — 133.

nous allons voir exposer tout à l'heure par le P. Franco auquel il les emprunte comme au plus marquant des adversaires de l'hypnotisme et il s'attache à prouver, d'après les défenseurs connus de l'hypnotisme, en attendant qu'il le fasse d'après ses études personnelles, 1º Que l'hypnotisme franc n'est pas immoral, 2º qu'il n'est pas nuisible et malfaisant, 3º qu'il n'est pas diabolique.

Il soutient sur de nombreuses autorités que l'hypnotisme n'est pas une maladie ; qu'il se produit par des moyens appropriés et non par n'importe quels moyens, que toute maladie sans prodrome n'est pas, comme le prétend Franco, une maladie extranaturelle et que cette seule circonstance ne prouverait pas le caractère præternaturel de l'hypnotisme ; que le P. Franco, en concluant de la fausseté des deux théories, la théorie subjective de Bernheim attribuant tout à la persuasion du sujet et la théorie objective de la Salpêtrière attribuant tout à la puissance de l'hypnotiseur, le caractère præternaturel de l'hypnotisme, raisonne mal, et qu'il y a des moyens termes entre l'une et l'autre. Le P. Franco a tort aussi de prétendre que tout changement physique dans l'homme doit avoir une cause physique : car il est avéré qu'une cause morale y suffit quelquefois ; que l'immoralité attribuée à l'hypnotisme tient à des circonstances accidentelles qu'il est aisé d'en écarter. Enfin aux nombreux accidents causés par des charlatans il oppose les bienfaits nombreux de

Bernheim et des autres docteurs (1) : guérisons physiques et morales sans nombre, paralysies disparues, vices corrigés. Mais nous avons hâte d'arriver aux études personnelles de l'éminent dominicain.

III.

Partisan déclaré de l'hypnotisme, mais regrettant que ses fauteurs aient donné plus de place aux faits qu'aux raisons, il ne veut prendre l'hypnotisme que dans la pratique des véritables maîtres. Il constate avec Bernheim que son caractère constant n'est pas le sommeil, mais la suggestibilité, soit dans le sommeil naturel ou provoqué, soit dans la veille. Et la suggestibilité est la propriété de pouvoir être impressionné par une image suggérée verbalement, au point d'objectiver et de réaliser ce que l'image représente. « Voici une fleur, cueillez-la ; voici un serpent, fuyez-le. » Et le sujet cueille aussitôt la fleur imaginaire ou fuit le serpent suggéré comme un serpent réel.

Mais l'imagination seule a été atteinte par la parole humaine. Dieu seul peut influencer directement la volonté ; l'homme ou le démon lui-même ne peut agir directement que sur l'imagination.

(1) P. 166 à 243.

Examinant ensuite la moralité de cette pratique, le P. Coconnier se demande si c'est un acte bon ou mauvais ou indifférent.

L'acte moral est spécifié par son objet. Or ici l'objet n'est point essentiellement bon; mais il n'est pas plus défendu qu'il n'est permis; il est indifférent comme le rêve et l'état du rêveur; il est apte au bien ou au mal, comme les passions (1). L'hypnose n'a donc rien en soi qui soit répréhensible (2).

Peut-il être permis de perdre volontairement sa raison? — La faculté même? non. Mais il est permis d'en perdre l'usage pendant quelque temps pour un plus grand bien (3).

Est-il permis de perdre sa liberté? Oui, comme sa raison. Radicalement, non; mais on peut en perdre momentanément l'exercice (4).

Mais le sujet se met à la disposition d'un agent extérieur. — Mais tout dormeur est sous la dépendance d'agents extérieurs (5). Et le sommeil naturel peut être aisément transformé en sommeil hypnotique, nommément par l'application d'une plaque chaude sur la nuque.

L'hypnose ne prive donc pas le sujet de chose due

(1) P. 265 et préc.
(2) P. 267.
(3) P. 271 et suiv.
(4) P. 273.
(5) P. 278.

partout et toujours à sa nature, en le soumettant à un agent extérieur. Donc pas plus pour ce motif que pour la perte momentanée de la raison et de la liberté, l'hypnose n'est pas en soi condamnable (1).

Elle guérit d'une folie, d'un cauchemar selon le désir du sujet éveillé qui a imploré l'art des Bernheim. Et cet art ne fait-il pas acte de charité ? (2)

S'il est parfois dangereux, ainsi le sont tant de substances médicinales et autres : « L'usage de ces forces est interdit à quiconque n'a pas appris la manière de les employer utilement. Il n'est pas interdit en soi, illicite en soi (3). » Donc, pourvu que l'hypnotisme ne soit pas diabolique, il n'est pas immoral (4).

Le P. Coconnier va plus loin : il montre d'après saint Thomas qu'il y a des actes ordinairement mauvais qui peuvent être permis en certaines circonstances et que l'hypnotisme pourrait bénéficier de cette exception. Les circonstances, en effet, peuvent changer l'espèce même d'un acte. Par exemple, refuser de rendre un dépôt est un mal ; mais, c'est un bien si la sûreté de l'État l'exige. Ainsi l'hypnotisme fût-il mauvais, pourrait devenir bon dans certaines circonstances (5). Par exemple, quels que

(1) P. 280.
(2) P. 288 et suiv.
(3) P. 285.
(4) P. 289.
(5) P. 290-299.

puissent être ses inconvénients physiques et moraux, il devient bon quand M. Liégeois guérit une pauvre femme de l'idée du suicide. Ici se trouve encore appliqué le principe de saint Thomas : « Nul homme prudent ne peut consentir à une perte s'il ne doit trouver une compensation dans un bien égal ou supérieur à celui dont il se prive (1). » Elle a perdu momentanément sa raison et sa liberté pour se débarrasser d'une obsession presque invincible.

« De deux maux il faut choisir le moindre. » C'est en sacrifiant leur liberté que des infortunés ont été guéris par l'hypnotisme de l'ivrognerie, d'habitudes vicieuses, de troubles fonctionnels, de douleurs et même de déformations des membres (2).

Donc, même si l'hypnotisme était radicalement mauvais, on pourrait lui appliquer encore le principe de saint Thomas : « Quelquefois une simple circonstance introduite dans l'objet de l'acte humain, apporte au regard de la raison une différence essentielle et donne à cet acte une nouvelle espèce (3)....»

IV.

C'est aussi dans la psychologie aristotélicienne et thomiste que l'éminent théologien trouve, après la

(1) P. 303.
(2) P. 306-311.
(3) P. 311.

moralité de l'acte hypnotique, l'explication de la nature de l'hypnose.

« Un fait, dit-il, ou un ensemble de phénomènes qui a dans la nature de l'homme sa raison d'être et sa cause suffisante n'est pas de soi præternaturel et diabolique. » Or tel est le caractère de l'hypnotisme.

Le premier des sens internes est le *sensorium commune* ou sens commun qui compare entre elles et unit les sensations; l'imagination, faculté organique et non purement intellectuelle, les conserve et les reproduit; la mémoire les situe dans le temps. Il y a encore l'estimative, faculté rudimentaire d'appréciation, qui nous est, ainsi que l'imagination, commune avec les animaux supérieurs. Telles sont les facultés de connaissance. Ajoutons-y les facultés de tendance : appétit naturel et appétit électif ou volonté (1).

Le P. Coconnier établit avec saint Thomas le rapport continuel de ces facultés avec les faits physiologiques et il constate que d'Aristote à nos docteurs médecins d'aujourd'hui la terminologie seule a changé dans l'expression de ces rapports (2).

Les causes externes suspendant ou appliquant l'attention, un simple déplacement de sang déterminant l'imagination à former telle ou telle image et nous faisant prendre parfois, comme dit saint Tho-

(1) P. 313 et suiv.
(2) P. 325 et suiv.

mas, les images des choses pour les choses mêmes,
c'est ce que tous les temps ont observé, et M. Taine
traduit Aristote sans le savoir lorsqu'il dit : « Pour
que l'image soit reconnue comme intérieure, il faut
qu'elle subisse le contrepoids d'une sensation ; ce
contrepoids manquant, elle deviendra extérieu-
re (1). » C'est ce qu'on a dit encore en d'autres termes : « Toute sensation ou image non contredite
tend à s'objectiver. »

Le P. Coconnier apporte à l'appui de sa thèse des
anecdotes personnelles que les limites imposées à
notre travail nous interdisent de reproduire, mais
qu'on lit avec un vif intérêt. Et il ajoute : « Le mouvement et l'action suivent toujours le désir, dit saint
Thomas, et nos physiologistes : « Toute cellule
cérébrale actionnée par une idée tend à réaliser
cette idée en mettant en activité les fibres nerveuses
correspondant à sa réalisation. L'idée tend à se faire
acte (2). »

Le P. Coconnier montre l'application de ces prin-
cipes à l'hypnose en décrivant, d'après les maîtres,
tant psychologues que physiologistes, d'Aristote à
Marie de Manacéïne (3), qui le définit *le repos de la
conscience*, le sommeil naturel, si peu connu encore,
mais assez connu du moins pour établir ses rapports
avec le sommeil hypnotique.

(1) P. 340.
(2) P. 346.
(3) P. 351.

Le premier réduit notre activité sans la supprimer.
« Ceux qui dorment, disait déjà Aristote, entendent
parfois les questions et y répondent. » L'excitation
des organes périphériques, ont observé Claude Ber-
nard et autres, modifie très visiblement le cerveau
du dormeur (1). Mais un fait remarquable, c'est que
certains endormis ne voient et n'entendent que certaines personnes et certaines choses. On dit alors
que leurs perceptions sont *électives* (2).

« Ce qui est essentiellement aboli, a dit M. Mathias
Duval, c'est la coordination normale des fonctions de
relation (3). » Il s'ensuit que la puissance de l'imagination est portée à son comble durant le sommeil et le
P. Coconnier n'a pas de peine à montrer le parti que
des hommes tels que Bernheim en peuvent tirer (4).

Mais ce qu'il y a de plus curieux peut-être est la
manière dont la force suggestive de Bernheim est
expliquée à l'avance par Aristote, Albert le Grand et
S. Thomas (5). Il faut, dit ce dernier, pour qu'un
mouvement s'exécute, 1° que l'imagination représente
le mouvement à exécuter, 2° qu'elle le représente
comme un bien, 3° que ce bien soit actuel, c'est-à-
dire actuellement réalisable (6).

(1) P. 352.
(2) P. 353.
(3) P. 362.
(4) P. 363 et suiv.
(5) P. 372 et suiv.
(6) P. 374.

Et le savant Frère Prêcheur nous montre les lois naturelles fonctionnant dans la suggestion, les sens impressionnés selon leur aptitude ordinaire, l'association capricieuse des idées dans les songes obéissant elle-même à des règles, larges sans doute, mais constantes ; les images évoluant de la périphérie organique au cerveau, puis du cerveau à la périphérie (1) : observation faite aussi bien par la vieille scolastique que par la physiologie moderne.

Ces observations montrent quant aux vésicatoires et aux stigmates par suggestion : 1º que l'imagination à elle seule est capable de produire en certains sujets de pareils résultats ; 2º que les grands théologiens de toutes les écoles l'ont reconnu ; 3º qu'on peut dans une certaine mesure s'en rendre compte.

Après cela, les conclusions du R. P. Coconnier se devinent aisément. 1º L'hypnose est en définitive un état analogue au sommeil, où l'activité physique est dirigée du dehors par la suggestion verbale. 2º L'hypnose, telle que nous l'avons définie, n'est ni præternaturelle ni diabolique. 3º Elle n'est pas essentiellement malfaisante. 4º Elle est permise quelquefois. 5º Elle est incapable d'étendre la portée de l'esprit humain. 6º Les hypnotistes n'influencent que l'imagination. 7º La thérapeutique subjective est bornée aux troubles fonctionnels.

(1) P. 392.
(2) P. 298 et suiv.

CHAPITRE II.

TOUT AU PRÆTERNATUREL.

Le P. Franco.

1.

Le P. Franco, savant jésuite romain, rédacteur de la *Civilla cattolica*, a formulé dans une série d'articles, publiés ensuite en un volume sous le titre de *L'Hypnotisme revenu à la mode* (1), ses doctrines sur l'hypnotisme. La 2ᵐᵉ édition s'en lit en France dans la traduction très fidèle et très vivante de M. l'abbé Moreau.

L'impression produite en Italie par les exhibitions de Donato et les expériences du docteur Zanardelli à Rome furent le point de départ des études du P. Franco. Il était alors fortement question de l'eau magnétisée avec laquelle le docteur Lefèvre, professeur à l'Université de Louvain, guérissait les

---

(1) *L'Ipnotismo tornato di moda.*

crampes d'estomac et les vomissements d'une
malade (3).

L'amiral marquis Gicquel des Touches écrivait le
20 mars 1848 au P. Franco le fait suivant dont il
avait été spectateur et acteur en 1847, étant à bord
du *Friedland* comme aide de camp de l'amiral
Tréhouard.

Il vit un ecclésiastique nommé Leray, qui depuis hélas ! devint un mauvais prêtre, (et qui
l'était peut-être déjà) il le vit, dis-je, au moyen d'un
ordre mental précédé de quelques passes, jeter et
clouer sur le parquet, sans l'endormir il est vrai,
le médecin du bord, M. Gardrat, incrédule au magnétisme. Il lui fit lever les jambes et les bras qui
se raidirent si bien qu'il fut obligé de se faire ôter
des lèvres sa cigarette qui lui brûlait la bouche.
Puis étant sorti de la chambre avec un officier, il
fit faire au docteur en présence des spectateurs
qui y étaient restés tous les exercices les plus
étranges. De retour dans la chambre, sur l'avis de
M. Gicquel des Touches, il rendit insensible au chatouillement ce médecin qui ne pouvait en entendre
parler sans fuir. De ce moment le docteur fut con-
verti au magnétisme (1).

Le P. Franco cite plusieurs médecins d'asiles

(1) P. 45. Rapport du 21 avril 1888 à l'Académie de médecine.
(2) P. 47.

italiens qui hypnotisaient leurs fous, bien que les docteurs de Nancy proclament la grande difficulté ou même l'impossibilité de soumettre les aliénés à l'hypnose (2). Il cite aussi nombre de suggestions à échéance et de suggestions criminelles, comme celle du député Cortello Fusco extorquant par l'hypnose à l'ex-clerc Paolo Conti l'aveu écrit d'une fraude imaginaire et le présentant à un tribunal comme un document (1). Il raconte des femmes déshonorées par leur docteur dans la crise hypnotique (2). Il cite de nombreuses suggestions inhibitives : celle de M. Féré rendu invisible à une de ses malades (3), celle d'une cliente de Liégeois qui avait oublié, en état d'hypnose, « si elle était vivante ou morte, homme ou femme, mariée ou non, mère de famille ou sans enfant. Elle répondait à ces questions : « Je ne sais trop (4). »

Une malade de P. Richer, femme très respectable, jouait ses divers rôles de général, de prêtre, de religieuse, et même d'actrice aux mœurs dévergondées, avec le plus grand naturel.

II.

Après cet exposé de faits commence la thèse du

(1) P. 51.
(2) P. 60.
(3) P. 61.
(4) P. 6?.
(5) P. 63.

P. Franco. L'hypnotisme est certainement une maladie. Ainsi l'ont considéré Braid qui y voit *un état particulier du système nerveux*, Richer qui la traite comme *un haut hystérisme*, avec trois ou quatre phases (1); Charcot qui l'appelle une *névrose expérimentale ;* Mosso qui la nomme *une exagération morbide* des phénomènes physiologiques ; le conseil supérieur de santé siégeant à Rome, qui l'appelle *une neuropathologie* (2).

Selon le P. Franco lui-même, «la perturbation nerveuse de l'hypnotisé est tellement évidente que pour la nier il faudrait s'arracher les yeux.» Convulsion tonique, amnésie, aboulie, hallucination, épilepsie, catalepsie, somnambulisme forcé, qu'est-ce que cela sinon maladie (3)? Il cherche donc comme dans toute maladie, d'abord l'*étiologie* ou la cause; puis le *diagnostic*, et enfin la *prognose* ou *pronostic*, et d'après tout cela, la *thérapie* ou traitement.

La cause? Des deux écoles subjectives et objectives déjà distinguées nettement par Braid, de celle qui attribue la maladie hypnotique à l'opération du docteur et de celle qui l'assigne à la suggestion acceptée par le sujet, laquelle a raison? Aujourd'hui les différents fluides imaginés par Mesmer, Charpi-

(1) P. 99.
(2) P. 101.
(3) P. 101.

gnon, Constantin James, Gœrres, etc. sont abandon-
nés. La dualité du cerveau de Gregory n'a pas de
base. L'autohypnotisme a-t-il plus de valeur? «Le
consentement de la volonté n'est pas cause physique
d'effets physiques (1).» Et que dire alors du sommeil
ordinaire changé en sommeil magnétique? Où est le
consentement? Voilà donc une maladie sans étiologie.

Il est difficile et même impossible d'admettre que
les actes hypnogéniques si variés : objet brillant,
souffle, passes, etc. etc. sont toujours en eux-mêmes
la cause du sommeil, puisqu'on a vu la même ma-
nœuvre, le souffle, endormir autrefois, réveiller
aujourd'hui (2). Fascination, prédisposition, mots
vides : «Je soutiens, dit Braid, que l'opérateur fait
comme un mécanicien qui mettrait en action les
forces de l'organisme du patient...» — «On com-
prend, répond le P. Franco, que rien qu'en tournant
une manivelle, on mette en mouvement un train
de soixante wagons; mais il faut que la chambre du
moteur soit remplie de vapeur, et à haute pression.
Dans le cas de l'hypnotisé, au contraire, la disposition à le lancer dans les phénomènes hypnotiques
est une pure invention imaginaire, une chimère.
Et par conséquent, malgré tous les efforts de
l'hypnotiseur pour chercher à l'éveiller, il ne dé-

(1) P. 109.
(2) P. 110 et suiv.

vrait, naturellement parlant, en tirer aucun phénomène (1). »

Braid, en effet, raconte lui-même avoir hypnotisé
à Manchester quatorze adultes du sexe masculin,
d'une bonne santé, inconnus d'ailleurs, et que
dix sur quatorze restèrent endormis. A Rochdale, il
en réussit dix-huit sur vingt.

Le P. Franco conclut donc que l'hypnotisme n'a pas
de cause proportionnée. Aussi Braid et Charcot con-
fessent en ignorer le *modus operandi* (2).

Ses phénomènes accusent d'ailleurs l'élément sur-
naturel en ce qu'ils sont imprévus et dépendent de
la volonté humaine (3). Toutes les maladies naturelles
ont leur prodrome : « Produire instantanément un
ensemble de désordres effrayants dans toute la machine et le dissiper instantanément, c'est ce qu'on
n'a jamais vu. »

On compare l'effet de l'hypnotisme à celui de l'o-
pium, de l'alcool, etc. Mais loin d'avoir, comme ces
poisons, ses effets spéciaux, il réunit leurs effets à
tous. Le P. Franco pense que cet ensemble des effets
de dix poisons, *cette orgie effrénée de l'imagination et
des facultés mentales* ne peut s'obtenir par simple
suggestion (4).

(1) P. 118.
(2) P. 121.
(3) P. 123.
(4) P. 127.

Et «comment accepter ce mystère d'une cause physique qui, posée par un individu, opère, posée par
un autre est inefficace ? Donc entre l'hypnotiseur et
le sujet il y a un lien secret, il intervient une force
inconnue (1). » — « Et ce qui obéit passivement, ce
n'est pas seulement la volonté, ce sont les nerfs, les
muscles, tous les systèmes vitaux : il y a donc, outre
la parole suggestive, une cause latente et opérante
d'une force inéluctable (2). »

Le fait de la suggestion ou de la volonté ne com-
porte pas la guérison d'une maladie : il faut que la
cause physique y soit. Or ni la suggestion ni la volonté d'autrui n'ont la force de faire naître ces causes
physiques. Donc il y a une autre cause qui produit
cet effet à la volonté de l'hypnotiseur (3).

« La *prognose* n'est pas naturelle, parce que le
mal se termine, non suivant le développement physique des symptômes, mais bien selon la libre volonté de l'hypnotisant.... Enfin le moyen curatif du
souffle ou du chatouillement n'est pas naturel, puisqu'il dissipe, et cela en un instant, une maladie
réelle et souvent incurable (4). »

Le P. Franco prouve par la doctrine des médecins
que l'hypnotisme nuit à la santé (5). Lombroso rap-

(1) P. 128.
(2) P. 131.
(3) P. 134 et suiv.
(4) P. 143 et 144.
(5) P. 144-164.

porte un grand nombre de cas de maladies graves et de folies causées par l'hypnose. De tous les médecins italiens, il n'y en eut que deux, Morselli et Verga, à nier ces effets.

L'hypnotisme est profondément immoral. Il fait de l'homme une machine, une *proie brute*, comme parle Lombroso (1). Il le rend capable de tous les actes criminels, sans qu'il puisse s'en défendre. Le *jumping* américain, les *revivals* sont une espèce d'hypnotisme dont le caractère præternaturel est évident (2). « Le *latah* des Malaises est une sorte d'hypnotisme où les femmes de soixante-cinq ans se conduisent comme des coureuses de vingt ans, » selon l'expression du docteur Vizioli qui compare au *latah* les scènes d'hypnotisme dont il a été témoin.

Telle est la première partie de l'*Ipnotismo tornato di moda*, destinée à tout le monde. La seconde est pour les chrétiens seuls.

III.

Il y a des pratiques hypnotiques qui sont certainement impies : la pénétration des pensées d'autrui, la divination de l'avenir, la vue des objets ou des faits éloignés (3).

(1) P. 173.
(2) P. 184.
(3) P. 184.

Lombroso, et avant lui Pierre Janet, Gley, Ch. Richer ont constaté « la vision et là transmission de la pensée à distance. » Campili les admet aussi et prétend les expliquer par le mouvement mécanique

Ces faits sont illicites (1), parce qu'ils sont præternaturels, Dieu seul lit directement dans nos pensées et les anges les devinent avec une pénétration très supérieure à la nôtre, d'après des signes subsistants.

— Nous ne connaissons pas, objectera-t-on, toutes les forces de la nature. — C'est vrai, mais quand les lois connues sont évidemment violées, le præternaturel est prouvé (2).

Campili croit que la pensée peut être saisie sans parole, parce qu'elle n'est qu'un mouvement moléculaire dans le cerveau et dans la périphérie du corps. Mais le seul fait de la liberté de la pensée prouve qu'elle est tout autre chose : je puis à mon gré penser à une chose ou n'y pas penser : le choix est-il donc aussi un mouvement moléculaire? Il est vrai que Campili nie toute liberté humaine. Huxley suit à peu près la même théorie et voit dans la pensée une oscillation qu'on peut saisir sans que les enveloppes et les parois du cerveau l'aient pu arrêter (3).

Mais s'il s'agit là d'un fait simplement physique,

(1) P. 191.
(2) P. 194.
(3) P. 200.

comment toute autre personne placée dans la même sphère de vibration ne communique-t-elle pas fatalement sa pensée à l'hypnotisé (1) ?

Chiaf, Battandier donnent des hypothèses analogues aussi gratuites que celle des vibrations de la lumière et du son est plausible (2).

Franco prouve contre le docteur Campili l'impossibilité naturelle de la vision transopaque. La transposition des sens attestée par Heidenhan, Vizzioli, Cervello, Raffaelli, Carmagnola, Despine, Frank, etc. est une impossibilité matérielle, une illusion, par conséquent un fait qui n'appartient point à l'action de l'hypnotisé.

Pourquoi Dieu, demande le P. Franco, aurait-il donc créé des organes si ingénieusement exclusifs et spéciaux pour qu'on pût se servir d'eux indifféremment et les permuter entre eux (3) ? De tels prodiges seraient indignes de Dieu, de tels prestiges sont dignes des démons.

Les phénomènes d'aliénation variant au gré de l'hypnotiseur et les suggestions à échéance ainsi que la médication à distance lui paraissent également præternaturels (4). Tous ces phénomènes sont donc illicites. Mais il va plus loin et pense que les plus

(1) P. 201.
(2) P. 202.
(3) P. 222.
(4) P. 224-226.

simples faits hypnotiques sont præternaturels. Voici ses raisons.

L'hypnotisme est un rameau détaché de l'arbre du spiritisme dont il conserva les pratiques jusqu'à Braid qui essaya de le laïciser (1).

Secondement, il n'y a qu'une seule cause pour les effets naturels ou præternaturels, puisque ceux qui cherchent et obtiennent des effets vulgaires pourraient également obtenir des effets transcendants s'ils les cherchaient. Il conclut donc au même auteur (2).

Troisièmement : même les plus simples phénomènes portent des traces de præternaturel : témoin leur instantanéité, leur mutabilité, leur dépendance de la volonté. Ils font donc soupçonner un agent en dehors de la nature (3).

Quatrièmement : ils ont deux cachets diaboliques : le mal physique et le mal moral de la créature humaine.

Cinquièmement : la tendance impie et matérialiste de la plupart des hypnotisés, leur soin de vouloir attribuer à un magnétisme naturel les miracles des livres Saints et de Jésus-Christ lui-même aussi bien que les prestiges démoniaques de tous les

(1) P. 231.
(2) P. 232.
(3) P. 233.

temps ; c'est là un trait de l'adversaire de la nature humaine (1).

Sixièmement : l'intervention diabolique étant supposée, tout l'hypnotisme s'explique clairement. « Quand une clef entre dans une serrure, ouvre et ferme, c'est signe qu'elle correspond aux ressorts de la serrure et qu'elle est la vraie clef. » Or tel est ici le cas de l'explication præternaturelle et d'elle seule (2).

Le P. Franco, d'après ces données, ne peut regarder comme licites même les plus simples phénomènes hypnotiques, à commencer par le sommeil. Cependant il admet que des théologiens qui trouveraient en faveur de ces pratiques des raisons à lui inconnues les permettent. Mais il adjure les simples fidèles et les médecins d'éviter ces pratiques dangereuses (3).

IV.

L'ouvrage se termine par un exposé de la théorie chrétienne relative à l'intervention diabolique. Il expose la nature inamissible des anges déchus, la grâce perdue, la méchanceté confirmée, la hiérarchie des démons soumis forcément aux plus

(1) P. 236.
(2) P. 240.
(3) P. 240-244.

intelligents et aux plus méchants des anges révoltés,
l'aptitude démoniaque à nuire, leur habile simulation des miracles divins par leurs prestiges et du
don de prophétie par leurs puissantes conjectures,
leur science naturelle de toutes les causes physiques,
leur intuition supérieure à toute notre logique,
leur force d'attention toujours infatigable ; leur
facilité à deviner par des indices variés nos pensées
qu'ils ne sauraient voir en elles-mêmes.

Ils peuvent nous donner par leur science des
maladies et ils peuvent les guérir, nous tenter,
posséder nos corps, les mouvoir, les suspendre
mécaniquement dans les airs.

Il est vrai que l'exorcisme peut parfois les chasser,
mais il n'a pas comme les sacrements un pouvoir
certain. Ils se montrent parfois sous une forme
visible, poussent les hommes aux vaines recherches destinées à obtenir leur intervention, font
réellement des pactes avec eux et les exécutent
souvent, dans l'intérêt de leur propre orgueil et du
mal des humains ; et, en vertu de ces pactes, ils
peuvent, quand Dieu ne l'empêche pas, causer tous
les maux et même la mort aux victimes désignées.
L'Eglise enseigne tout cela.

Ils se font aimer quand ils le peuvent, réglant
d'ailleurs leur conduite d'après les temps et les
lieux, c'est-à-dire d'après les hommes qu'ils ont en
vue. C'est ainsi que, s'ils ont affaire à des savants

obstinés, ils simulent la nature au lieu de simuler
les miracles.

Le rituel aussi nous montre (1) les démons donnant
des maladies et les voulant faire passer pour
naturelles : *Conantur persuadere infirmitatem esse
naturalem* (2).

Les révélations des saints nous apprennent que
les démons apparaissent tantôt comme une âme du
purgatoire, tantôt comme un bon ange ou comme
un saint. Or tout cela se trouve dans l'hypnotisme. Les
procédés hypnotiques, impuissants en eux-mêmes à
déterminer tant de phénomènes disproportionnés à
leur cause apparente, ne sont qu'un signe de pacte
sur quoi le démon met en œuvre les causes naturelles
pour produire les effets demandés. Car il y a des
pactes tacites qui sont souvent la continuation d'un
pacte formel fait par les prédécesseurs dont on
renouvelle les pratiques parce qu'on en a vu l'ef-
ficacité. C'est alors un recours implicite, mais réel,
au démon.

Aussi les physiologistes cherchent-ils vainement
à expliquer les symptômes hypnotiques ; la théorie
chrétienne seule les explique. C'est ainsi que certaines hypothèses scientifiques sont et restent gratuites,
parce que tous les faits d'un même ordre ne peuvent
cadrer avec elles. D'autres hypothèses s'ajustent à

---

(1) De exorcizandis obsessis.
(2) P. 273.

tous les faits observés et celles-là constituent la science. Or on voit aisément à quel genre appartiennent les hypothèses du naturalisme et à quel genre celles de la théologie.

Voilà la théorie qu'avec une logique tenace et une éloquence émue le P. Franco développe dans l'*Ipnotismo tornato di moda*. Il a d'ailleurs une vivacité pleine d'à-propos dans les réponses aux objections. Si on lui dit, par exemple, que les nourrices s'y prennent comme Braid pour endormir leurs nourrissons, il répond : « Oui, mais elles ne les endorment pas du sommeil hypnotique. »

M. Elie Blanc.

Parmi ceux qui ont partagé les idées du P. Franco sur l'hypnotisme, sans reparler du R. P. Touroude (1) nous citons seulement M. Elie Blanc, (2) docteur en théologie et professeur de philosophie scolastique. Se fondant sur des faits racontés par Bernheim et Liégeois, il voit dans l'hypnotisme un attentat sans excuse à la liberté humaine. « Dieu, dit-il, respecte infiniment notre liberté intime. Or ce que Dieu ne fait pas, comment la créature aurait-elle le droit de le faire ou de le tenter ? (3) »

(1) *L'Hypnotisme, ses phénomènes et ses dangers.*
(2) *La suggestion hypnotique*, Lyon, E. Vitte 1898.
(3) P. 31.

Selon lui, l'hypnotiseur ne peut agir par lui-même sur les facultés d'autrui parce qu'il ne connaît pas leur siège exact ni surtout les conditions de leur exercice. Il serait donc l'instrument d'un esprit qui se joue de lui et du sujet.

M. Blanc demande, en particulier, comment, dans la suggestion à échéance, un homme peut prendre sur le cerveau d'autrui cet empire despotique qu'il n'a pas sur lui-même. Il y soupçonne un agent mystérieux et ne croit pas qu'il y ait deux sortes d'hypnotisme : celui qui est franc et celui qui ne l'est pas et qui serait à l'autre ce que l'alchimie est à la chimie : il ne voit dans tous les phénomènes somnambuliques simples ou prodigieux *qu'une série parfaitement liée où toute division serait arbitraire.* Il reconnaît parfaitement les forces naturelles en jeu dans l'hypnotisme : psychologie, physique, physiologie, mécanisme, automatisme. « Mais il s'agit de savoir s'il n'y a pas des agents supérieurs qui s'en servent (1). »

La série continue dont on parlait tout à l'heure se poursuit encore, en effet, dans le spiritisme et dans l'occultisme. Donc si tous les faits d'hypnotisme ne sont pas toujours diaboliques, ils sont toujours suspects. Sans quoi ferait-on tant de difficulté d'y recourir dans les cas difficiles et en particulier

(1) P. 50.

dans l'éducation ? A peine un docteur israélite a-t-il
osé proposer de l'appliquer aux pénitenciers seulement. « C'est ici que la conscience des parents et
des maîtres corrige leur raison. »

Au pis aller, il faudrait préférer à ce moyen certains remèdes matériels qui agissent indirectement
sur l'âme. Mais il serait insensé de vouloir substituer
de pareilles pratiques à la sage direction du libre
arbitre. Il ne croit pas, d'ailleurs, à l'avenir de
l'hypnotisme, qui sera sans doute abandonné par les
catholiques, comme les tables tournantes, et l'on
n'y verra plus qu'*un jeu superstitieux*.

Il condamne donc absolument l'hypnotisme et à
ceux qui, à un titre quelconque, seraient obligés
d'y participer par leur présence, il recommande
l'emploi des moyens religieux : l'intention absolue
du bien, l'état de grâce, la prière, les médailles,
l'eau bénite. « Nous savons par des témoignages
certains que des tentatives faites sous ces garanties
ont absolument échoué. »

C'est à propos de l'antagonisme de M. l'abbé Blanc et
du P. Coconnier que le docteur Surbled, auteur de
nombreux ouvrages physiologiques et philosophiques très sérieux et collaborateur distingué de plusieurs revues chrétiennes, a cru résoudre la question par ce jugement sommaire :

« L'hypnose est une pratique qui, sans être diabolique et essentiellement mauvaise, présente de

graves dangers pour la santé physique et morale. Il
ne nous paraît pas bon de s'y livrer ni de la recom-
mander, mais il n'est pas nécessaire de l'interdire
absolument, il suffit de s'en méfier (1). »

(1) *Science catholique.*

CHAPITRE III.

PART A LA NATURE, PART AU PRÆTERNATUREL.

Mgr Méric.

I.

Parmi ceux qui ont étudié l'hypnotisme dès la première heure et qui l'ont suivi jusqu'aux dernières expériences, nul n'a été plus complet que Mgr Méric. Loin de se circonscrire, comme le P. Coconnier, dans l'hypnotisme franc, il a su le voir avec toutes ses greffes. Il s'est appliqué à poser le problème intégralement; sans jamais vouloir sacrifier l'un à l'autre l'ordre naturel ou l'ordre præternaturel. Il fait, d'ailleurs, assez large la part de la simulation que lui-même a constatée dans la clinique même de Bernheim (1).

D'ailleurs il est évident que l'influence hypnotique ne peut s'exercer directement sur l'âme : « Toutes ses opérations, si élevées qu'on les suppose : intelligence, mémoire, imagination, volonté, désir, ont un

(1) P. 26.

organe, souvent inconnu et mystérieux, mais toujours réel, dans le système nerveux cérébral (1). »
Il insiste sur les harmonies mutuelles des organes :
Braid ferme le poing au sujet et produit par
cela même sur sa physionomie les signes de la
colère (?).

Mgr Méric a suivi de près les expériences des
. Charcot, des Bernheim et d'autres maîtres de l'hypnotisme. Pour ce qui est des phénomènes corporels, il
a remarqué chez les hystériques la *griffe cubitale* et
la *griffe radiale*, signes nerveux évidents d'une
crise non simulée, et le transfert d'un côté à l'autre
par l'aimant, mais il ne peut dire si c'est l'aimant
ou la suggestion qui opère ce transfert. Son opinion
flotte dans le même doute sur les points hypnogènes.
Il ne croit pas à la régularité des crises hypnotiques
décrites par Charcot.

Pour ce qui est de l'esprit, il a observé la suggestion positive et négative, c'est-à-dire le mensonge
d'une fausse présence ou d'une fausse absence
accepté par le sujet avec toutes leurs conséquences,
même les plus invraisemblables, commme le cha-
peau visible sur une tête invisible, l'illusion des
couleurs, et le caractère de ces phénomènes l'incli-
nerait tout d'abord à donner raison au subjectivisme
nancéen contre l'objectivisme de Paris.

(1) P. 38.
(2) P. 40.

Il lui est arrivé, dans ses expériences, d'abolir parfois par une contre-suggestion, la suggestion de l'hypnotiseur (1). Il a constaté le succès de la suggestion à longue échéance. Il range dans la classe des phénomènes mixtes les vésicatoires imaginaires et la prétendue stigmatisation dont il fait ressortir le caractère très imparfait et où il fait très large la part de la supercherie. Rien de commun avec les stigmates de l'ordre præternaturel divin. L'action des remèdes à distance a été démontrée fausse, à la grande confusion de son promoteur, le docteur Luys, par une expérience décisive, en pleine Académie le 30 août 1887 (2). Bernheim n'y avait jamais voulu croire (3).

Quant à la divination d'une maladie et des remèdes qui lui sont propres, elle ne saurait être naturelle chez le somnambule (4).

D'ailleurs la médecine par suggestion n'est applicable avec quelque certitude de succès qu'aux maladies nerveuses ou imaginaires (5). Elle réussit sur les aliénés, en dépit des assertions de Berger et de Bernheim qui niaient que les aliénés fussent hypnotisables (6).

(1) P. 89.
(2) P. VII de la Préface.
(3) P. 116.
(4) P. 118.
(5) P. 119.
(6) P. 121.

L'observation curieuse de l'écholalie faite par Berger de Breslau, grâce à laquelle, en appliquant la
main sur le crâne, le front ou la nuque du sujet, on
produit le phénomène de l'écholalie, ou répétition
des paroles de l'interlocuteur pour toute réponse (1),
a encouragé ceux qui prétendaient appliquer l'hypnotisme et la suggestion à l'éducation. Mais on doit
dire en général que cette pratique est « un attentat
aux droits sacrés et à la dignité de l'âme de l'enfant (2). » Et tout en approuvant dans les cas opportuns l'anesthésie par suggestion, il pense avec M. de
la Tourette qu'on doit réserver le remède hypnotique et suggestif aux névrosés incurables, aux hystériques et aux insensés (3).

L'histoire de l'évolution du magnétisme donnerait
plutôt raison à la thèse de Nancy, et Mesmer, Puységur, Faria, Braid ont prouvé par leur pratique
l'importance de la suggestion, sans annuler pourtant
l'utilité secondaire des autres pratiques (4).

Il n'est plus permis, d'ailleurs, malgré les craintes
et les protestations de M. Luys, de contester aujourd'hui la réalité de la suggestion mentale, après les
expériences rigoureuses faites récemment au Hâvre
par MM. Gibert, médecin, Pierre Janet, professeur

(1) P. 128.
(2) P. 132.
(3) P. 134.
(4) P. 134-192.

de philosophie au Lycée et neveu du philosophe
Paul Janet, Myers, médecin anglais, Myers, membre
de la Société des recherches psychologiques, Maril-
ler, de la Société de physiologie psychologique et les
expériences du docteur Ochorowicz (1). » L'éminent
professeur de la Sorbonne y voit « un phénomène
qui dépasse absolument tout ce que la raison peut
expliquer, et les analogies qu'on prétend établir
entre cette transmission de la pensée et la propaga-
tion des ondes lumineuses ne mérite pas l'attention
d'un esprit sérieux (2). »

Il ne prend point parti entre Beaunis qui prétend
que presque tout le monde est hypnotisable et qu'on
trouve 55 0/0 de somnambules parmi les enfants
de sept à quatorze ans et Ochorowicz qui ne trouve
que 50 0/0 d'individus hypnotisables et 4 à 5 0/0
suggestibles à l'état de veille (3).

II.

Quant à la licéité de l'hypnotisme, il s'en tient aux
réponses si sages des congrégations romaines, distin-
guant entre l'hypnotisme simple *qui obtient des effets*

(1) P. 169.
(2) P. 172.
(3) P. 179.

physiques par des moyens physiques et celui qui vise
à *des effets sans proportion avec ces moyens* (1).

. L'étude du sommeil et des rêves nous met aisément sur la voie de l'hypnotisme.

Le sommeil consiste surtout dans l'abolition de la
communication sensible avec l'extérieur : *motus
intrà se vergunt,* comme dit Hippocrate (2). Mais cet
isolement n'est pas complet : certains rapports de
l'âme avec le corps, avec le monde, continuent. La
vie de l'esprit non plus n'est pas éteinte (3). Certaines facultés sont même quelquefois surexcitées (4).
Que de chefs-d'œuvre ont été préparés pendant le
sommeil (5) !

Cependant la vue à travers les corps opaques est
un phénomène præternaturel (6). Il n'en est pas ainsi
de tant de rêves bizarres des somnambules qui rap-
pellent les étranges effets de l'opium, du haschisch,
de certains anesthésiques (7).

Sur l'explication du sommeil et des rêves, il s'en
tient à la théorie de Bossuet : « Parce que le cerveau
composé de parties si délicates et plein d'esprits si
vifs et si prompts est dans un mouvement continuel

(1) P. 192.
(2) P. 194.
(3) P. 203.
(4) P. 206.
(5) P. 208.
(6) P. 217.
(7) P. 218-232.

et parce que d'ailleurs il est agité à secousses irré-
gulières et inégales, il arrive de là que notre esprit
est plein de pensées si vagues, si nous ne les rete-
nons et les fixons par l'attention. Ce qui fait pourtant
qu'il y a quelque suite dans ces pensées, c'est que la
marque des objets garde un certain ordre dans le
cerveau (1). » De toutes les incertitudes qui règnent
encore dans la physiologie du cerveau, Mgr Méric
infère qu'il serait téméraire de conclure « de la
théorie vibratoire de la vision à une théorie vibratoire de la mémoire, du jugement et de l'association
des idées (2). » La *cérébration inconsciente* lui paraît
un mot vide de sens : « Le hasard ne fera jamais
une œuvre intelligente (3). »

L'hallucination positive ou négative s'explique par
une sorte d'habitude du sujet (4). Certains éléments
nerveux sont excités, d'autres paralysés (5). La
théorie de l'imagination de Malebranche et celle de
Bossuet, en traduisant les termes de la physiologie
de leur temps par ceux de la physiologie moderne,
expliquent tout cela suffisamment.

Bacon croit qu'une pensée très fixe peut modifier
le corps de celui qui pense (6). Ainsi s'expliqueraient

(1) P. 242.
(2) P. 244.
(3) P. 246.
(4) P. 252.
(5) P. 254.
(6) P. 255.

peut-être les prétendus stigmates par suggestion. La
paralysie et sa guérison, le changement même de la
personnalité peut avoir lieu très naturellement par
.suggestion (1).

La spontanéité, qui a une si grande part à nos
actions ordinaires remplace toute réflexion dans le
sommeil (2). Il n'y a donc plus de résistance à la
volonté du suggestioniste.

Le somnambule qui exécute les ordres est simplement un rêveur qui extériorise son rêve : « L'hypnotisé est, comme dit le docteur Barth, un aliéné véritable (3). » « Il subit, ajoute Mgr Méric, la tyrannie de
l'image ou de l'idée que je fais pénétrer dans son
cerveau (4). »

La suggestion à échéance lui paraît tout aussi naturelle : « La conservation de la suggestion est un
phénomène analogue à celui de la conservation des
images dans la mémoire imaginative et s'explique
de la même manière (5).

Mais au lieu de s'arrêter, avec le P. Coconnier,
ubi defuit orbis, où finit à ses yeux le monde naturel, il tient à examiner les faits constatés depuis
soixante ans par *récit authentique, précis, détaillé*, (6)

(1) P. 259.
(2) P. 261.
(3) P. 267.
(4) P. 268.
(5) P. 270.
(6) P. 283.

et qui « se rattachent directement à l'hypnotisme comme le fruit à l'arbre. » Il ajoute qu' « il est impossible d'avoir une idée exacte de l'hypnose, de sa nature, de son origine et de ses effets, si l'on refuse de s'occuper de ces faits-là (1). »

La connaissance des faits éloignés, des pensées, etc., la vue et l'ouïe à des distances considérables, ne sauraient s'expliquer par le *fluide nerveux* ou la *force neurique rayonnante* (2). Ce sont de vaines hypothèses de la raison aux abois (3). »

« L'homme ne changeia pas et depuis l'origine du monde, il connaît sa nature et ses facultés (4). — Comment peut-on dire que Dieu ait donné à l'homme la faculté d'entendre, de voir et de sentir sans le secours des sens et que l'homme ne l'ait jamais su (5) ? »

Le somnambule voyant ressemble exactement au spirite et, chose tout à fait remarquable, il exprime les mêmes doctrines ennemies de notre foi (6).

La vue des molécules nerveuses d'un homme et de leurs vibrations ne saurait nous faire connaître sa pensée. Car autre chose est la pensée elle-même autre chose les vibrations cérébrales qui peuvent l'accompagner (7). Donc la suggestion mentale ne peut

(1) Ibidem.
(2) P. 289.
(3) P. 305.
(4) P. 307.
(5) P. 308.
(6) P. 304.
(7) P 317.

se produire par cette voie, comme le prétend Bel-
langer. « Il y a un abîme entre la pensée et le mouvement matériel du cerveau (1). »

« Il nous paraît donc certain, conclut Mgr Méric,
1º Que les personnes hypnotisées ne voient pas les
changements qui se produisent dans le cerveau du
magnétiseur ; 2º que dans l'hypothèse même où elles
parviendraient à voir ces modifications, elles ne con-
naîtraient pas encore ses pensées ou ses senti-
ments (2). »

Enfin, quelles que soient les hypothèses par les-
quelles on prétend expliquer ces faits, d'ailleurs
certains : vision à distance, divination des pensées,
suggestion mentale, il est clair « qu'ils n'appartiennent pas à l'ordre naturel, qu'il faut en chercher
la cause dans un principe extranaturel (3). »

Il emprunte, à ce propos, à M. Lélut un cas assez
étrange de suggestion mentale. « Un jour, raconte ce
docteur, un docte magnétiseur magnétisait une somnambule : « Éveillez-vous, lui-dit-il, éveillez-vous :
je le veux. » Et en même temps il se disait mentale-
ment à lui-même de toute la force de sa volonté :
« Je ne veux pas qu'elle s'éveille. — Comment ! lui
répondit la somnambule, dans un accès de trouble

_____

(1) P. 324.
(2) P. 328.
(3) P. 333.

et de convulsions, vous me dites de m'éveiller et vous ne voulez pas que je m'éveille ? (1) »

III.

Après avoir, dans une longue et intéressante étude, comparé le magnétisme transcendant au spiritisme, aux tables parlantes, Mgr Méric s'applique à démontrer que l'hypnotisme ne fournit aucune arme sérieuse à ceux qui nient l'existence de la liberté de l'homme et qu'il laisse entière la question. Dans l'hypnotisme même, il y a parfois résistance victorieuse du sujet et l'hypnotiseur est obligé de renoncer à la suggestion (2).

« Quand on ordonne à certains sujets hypnotisés, dit le docteur Pitres, d'exécuter après leur réveil un acte qui révolte leur conscience, ils déclarent formellement qu'ils ne veulent pas obéir à un pareil ordre et qu'ils ne se laisseront par réveiller tant qu'on ne leur aura pas donné l'assurance qu'ils ne l'exécuteront pas. Et en effet, si l'on maintient l'injonction, il est impossible de les réveiller. » Albertine, un de ses sujets, ne voulut jamais se réveiller parce qu'il lui ordonnait de devenir aphone après son réveil. Il fallut retirer l'ordre (3).

(1) P. 330.
(2) P. 373.
(3) P. 374.

Du reste les suggestions criminelles exécutées par le sujet ont un caractère d'inconscience qui montre un état tout particulier et vraiment maladif et l'on ne peut conclure en bonne logique du fou à l'homme raisonnable. Or l'hypnotisé est vraiment un aliéné.

La question de la liberté humaine n'a donc rien à y voir (1).

Le même raisonnement s'applique à la question de la conscience : Si la conscience trompe l'homme dans l'aliénation mentale, il ne s'en suit pas qu'elle le trompe dans l'état sain.

Les objections tirées de l'hypnotisme contre l'unité de la personne humaine ont la même valeur. « Si chaque impulsion particulière, chaque désir différent émanait d'un cerveau spécial, il ne faudrait pas reculer devant les propositions les plus extravagantes qu'on puisse imaginer (2). »

Mgr Méric montre ensuite que la suggestion et le miracle diffèrent du tout au tout et il profite de l'occasion pour montrer que le miracle loin d'être un désordre dans la nature, y est au contraire la plus belle manifestation de l'ordre.

Le miracle, c'est l'intervention de la liberté divine dans la marche du monde : rejeter la possibilité de cette intervention, c'est refuser à la liberté divine ce que nous constatons chaque jour de la liberté hu-

(1) P. 384.
(2) P. 370.

maine (1). Elle ne trouble pas plus l'ordre du monde que ne font l'art et la science humaine, ouvriers naturels du progrès. Mais ces œuvres effectives de la liberté divine et de la liberté humaine ne peuvent être assimilées à de simples suggestions. En un mot, dire que le miracle est possible, c'est dire : « Ce que l'homme peut faire dans cet univers par sa force finie, Dieu peut le faire aussi par sa force souveraine d'une manière infiniment supérieure (2).»

« La possibilité du miracle est donc fondée sur la subordination des causes inférieures aux causes supérieures et de toutes les causes crées à la cause première, infinie, incrée (3).» Mgr Méric reconnaît les dangers de l'hypnotisme, dangers moraux, physiques et même sociaux. Il soutient d'ailleurs la nullité du témoignage de l'hypnotique en justice, vu la malléabilité presque absolue du somnambule.

(1) P. 400.
(2) P. 405.
(3) P. 408.

———

L'état hypnotique en lui-même semble d'origine naturelle. L'action des médicaments à distance est nulle et le transfert par l'aimant fort douteux. A l'ordre extranaturel appartiennent la vision à distance et la suggestion mentale et les hypothèses imaginées pour les expliquer manquent de base (1). Ce qui est clair, c'est que ces états n'ont rien de commun avec les extases des saints (2).

Au point de vue pratique, Mgr Méric admet la licéité de l'hypnotisme franc ; mais déclare, en commentant les décrets du Saint-Office, qu'il est défendu d'en faire une distraction et d'y rechercher les phénomènes præternaturels (3). Il l'admet donc comme agent thérapeutique employé avec discernement par les hommes compétents (4) : « Très utile, dit le docteur Barth, dans certaines formes de maladies nerveuses, l'hypnotisme offre les plus sérieux dangers s'il devient, soit un passe-temps à

(1) P. 435.
(2) P. 436 et suiv.
(3) P. 443 et 444.
(4) P. 446.

l'usage des oisifs, soit un moyen pour les gens nerveux de satisfaire leur besoin d'émotion ou leur recherche inquiète de sensations inconnues. »

Après cela le docte théologien n'a point la prétention d'avoir donné de cette question complexe de l'hypnotisme une solution définitive : « Ce que nous ignorons dépasse comme l'infini ce que nous croyons savoir. »

TABLE DES MATIÈRES.

www.ingramcontent.com/pod-product-compliance
Lightning Source LLC
Chambersburg PA
CBHW070941280326
41934CB00009B/1969